AF297815

COMPTE-RENDU

D'UN

SERVICE FUNÈBRE

POUR LE REPOS DE L'AME DE Mgr J.-I. DEPÉRY,

CÉLÉBRÉ DANS LA CHAPELLE

DU PETIT SÉMINAIRE D'EMBRUN.

Jeudi dernier, 16 du courant, la chapelle du Petit Séminaire d'Embrun voyait s'accomplir dans ses murs une cérémonie aussi grave que touchante. Depuis la mort du bien-aimé Mgr Depéry, évêque de Gap, le diocèse qui lui fut si cher, le diocèse pour la gloire et le bonheur duquel il a consacré 18 ans de sa riche et belle vie, n'a cessé de pleurer sur sa tombe et de manifester autour de sa cendre vénérée, ces témoignages de tendresse et

(2)

de regret qui honorent autant ceux qui les expri-
ment que celui qui en est l'objet.

Or, il y avait dans le diocèse de ce cher défunt,
un lieu qui fut constamment l'objet de sa prédilection et de ses plus chères délices. L'antique métropole des Alpes-Maritimes, le siége célèbre et
princier d'une longue chaîne de Pontifes et de
saints illustres, la ville privilégiée et bénie qui
attira pendant des siècles entiers les faveurs de la
reine du ciel, la vénération des peuples et celle
des rois de la terre, Embrun était bien capable
par ses souvenirs, de fixer la grande âme de l'E-
vêque que nous pleurons; elle l'était d'autant plus,
que la foudre l'a frappée, et qu'elle gémit, hélas !
depuis bien longtemps, et sans espoir de consolation, autour des plus riches débris de ses antiques
gloires.

L'amour est ingénieux. Aussi que ne fit pas Mgr
Depéry pour consoler Embrun de son triste veu-
vage ? Que ne fit-il pas pour manifester sa tendresse
à ceux qu'il appelait « *ses chers Embrunais ? »*

Il savait bien l'esprit d'élite, le noble cœur où se
trouve la source de la véritable grandeur et de la
véritable gloire. Un jour, la pensée lui vint d'en
allumer un vivant foyer au milieu de ses chères
montagnes. L'histoire du passé avait désigné le
lieu privilégié du ciel. Par une heureuse coïnci-
dence, il se trouva d'accord avec son cœur. L'Académie Flosalpine fut fondée. Embrun en devint le
centre, et le Petit Séminaire, le fortuné berceau
destiné à nourrir les premières racines du symbo-

(3)

lique oranger sur le sol des Alpes, et aussi à voir
s'épanouir ses premières fleurs et ses premiers
fruits.

Tout le diocèse avait mêlé ses prières et ses larmes sur la tombe de son Evêque et de son Père.
L'Académie Flosalpine pouvait-elle manquer à ce
devoir sacré ? Non, sans doute.

Aussi les membres résidants à Embrun, poussés
par les sentiments de leur cœur, ont-ils voulu se
réunir dans une fête religieuse, qui rappelât en
même temps le but de la société et qui exprimât
hautement leur profonde douleur, leurs communs
regrets et leurs universelles sympathies.

C'est le spectacle de cette réunion touchante que
nous voudrions pouvoir redire avec les sentiments
qu'elle nous a inspirés. Bornons-nous, du moins,
à en être les narrateurs sincères.

Jeudi donc, la chapelle du Petit Séminaire d'Embrun avait pris une teinte funèbre. Tout le sanctuaire était tendu de noir. Une vaste draperie en-
tourait le rond-point de l'abside. Elle portait en
grands caractères cette inscription dictée par des
cœurs reconnaissants : « *Il ne périra pas parmi
nous.* A droite, se détachait, belle et chrétienne, la
devise de l'Académie : « *In scientia et virtute. —
Flores et fructus ;* à gauche, les enfants du Petit
Séminaire avaient su exprimer leur tendresse et
leur douleur par ces paroles simples et belles
comme tout ce qui part du cœur : *Il nous aimait
tant. A notre Père, regrets.* »

Un catafalque, orné avec goût, s'élevait au milieu du sanctuaire. Autour étaient représentés les honneurs du Prélat défunt : ses armes, sa croix d'Officier de la Légion d'honneur, et aussi les armes de l'Académie, qui, en ce jour, semblaient pleurer la mort d'un bienfaiteur et d'un père.

Dès neuf heures et demie du matin, tous les honorables membres de l'Académie, tous les personnages notables que l'exiguïté du lieu avait permis d'inviter, ayant à leur tête M. Renand, sous-préfet, M. Laforgue de Bellegarde, maire, M. Lubin, président du tribunal, M. Carde, commandant de place, étaient réunis dans la chapelle.

Bientôt a commencé le saint sacrifice. Il était célébré par l'ami intime du Pontife. M. l'abbé Lépine, vicaire général du défunt, a deviné nos pensées et prévenu nos cœurs. Il a voulu venir répandre « ses larmes avec ses prières » dans la ville et dans l'établissement qui fut si cher à notre Evêque ; ce n'était pas assez, il a choisi le jour qui réunissait autour de sa mémoire ses plus dévoués amis.

Les chants tour à tour si graves et si sublimes de la douleur catholique, ces accents pénétrants qui vont réveiller jusque dans les dernières profondeurs de la conscience humaine les terreurs du jugement de Dieu, et aussi les ineffables espérances de la patrie future, ces chants, dis-je, entremêlés aux symphonies funèbres de la musique du Petit Séminaire, ont traduit, d'une manière sensible, les sentiments qui pénétraient tous les cœurs pendant la pieuse cérémonie. On a remarqué, avec une joie

(5)

mêlée d'une admiration secrète, que les élèves de la maison tant aimée de Mgr ont su exprimer par leur attitude, par l'expression de leur physionomie et même par la lente solennité de leurs chants, les religieuses pensées dont leur âme était remplie.

Le saint sacrifice était achevé. Les esprits et les cœurs étaient admirablement disposés. C'est à ce moment que l'honorable président de l'Académie, M. l'abbé Sauret, supérieur du Petit Séminaire, est monté en chaire pour prononcer un discours qui nous a profondément émus, et a fait couler de bien douces larmes.

La voix amie, le noble cœur qui déjà avait su nous charmer et nous attendrir par le mélancolique récit des funérailles de nôtre Evêque bien-aimé, a retrouvé des accents plus vifs et plus pénétrants encore. L'auditoire a écouté avec un intérêt religieux, avec une sympathique admiration le côté nouveau, saisissant, plein d'une merveilleuse actualité, que l'orateur a bien voulu développer devant nous avec un rare talent. Ce n'était pas la vie tout entière du cher défunt, mais seulement sa gloire littéraire et sa touchante affection pour la ville des grands archevêques. La vérité et le cœur, nous pouvons le dire, ont parlé par la voix du fils dévoué, respectueux et tendre. Elle a trouvé dans tous ceux qui l'ont entendue le plus fidèle écho. A ces généreux accents, plus d'une fois, les cendres du Pontife ont dû tressaillir dans leur tombe, et, du haut du ciel, sa chère âme a dû se baisser vers ses fils aimés pour les bénir encore.

La cérémonie s'est terminée par l'absoute, et l'assemblée s'est retirée dans un religieux silence ; mais non pas sans emporter de douces et salutaires impressions, qui ne s'effaceront plus de ses souvenirs.

UN PROFESSEUR DU PETIT SÉMINAIRE.

DISCOURS

PRONONCÉ DANS LA CHAPELLE DU PETIT SÉMINAIRE D'EMBRUN,

LE 17 JANVIER 1862,

Par M. l'abbé Sauret,

Président de l'Académie Flosalpine,

A l'occasion d'un service funèbre pour le repos de l'âme de Mgr Jean-Irénée DEPÉRY, Evêque de Gap, Grand Maître et fondateur de cette société littéraire.

Laudemus viros gloriosos et parentes nostros in generatione sua.... In peritia sua requirentes modos musicos et narrantes carmina scripturarum. (Ecclesiastic. 44. 1 et 5.)

Louons ces hommes pleins de gloire et nos pères en leurs générations... Leur génie a trouvé l'harmonie et les accords, et ils ont composé les cantiques de l'Ecriture.

MESSIEURS,

Ce n'est point un éloge en forme du saint Prélat, objet de nos regrets, que je viens vous faire entendre, au milieu de cette cérémonie funèbre. Ma faible voix serait impuissante à rendre les pensées de mon cœur. Et déjà, dans l'Eglise cathédrale de Gap, pour la consolation de tous les fidèles du diocèse, un orateur illustre (1), qui à l'éclat du plus beau talent ajoute celui de la dignité la plus haute, a prononcé des accents généreux que la presse nous a maintenant conservés et qui subsisteront comme un éternel monument à la gloire du vénérable Monseigneur Depéry. Mais, tout petit que je suis, *adolescentulus sum ego et contemptus,* à côté de ces grands noms, j'éprouve le besoin de vous faire remarquer à vous, Messieurs d'Embrun, qui l'aimiez plus particulièrement; à vous, membres de sa jeune Académie Flosalpine ; à vous enfin, mes enfants du Petit Séminaire, combien notre auguste pontife était digne de figurer dans la troupe immortelle de ces hommes célèbres dont l'Esprit-Saint lui-même a dicté la louange dans un chapitre fameux de l'*Ecclésiastique,* qui commence par ces mots : *Louons ces hommes pleins de gloire et nos pères en leurs générations. Laudemus viros gloriosos et parentes nostros in generatione sua.*

Or, parmi les traits saillants de ce noble portrait des justes, gravé par l'Esprit de Dieu, qu'on ne trouve pas étrange, dans la chapelle d'une maison d'études, et en présence d'une réunion d'amis chrétiens, liés encore la plupart par la douce chaîne d'une honorable confraternité littéraire, qu'on ne trouve pas étrange que je signale, avant tout, comme s'appliquant admirablement à Monseigneur Depéry, ces paroles : *Leur génie a trouvé l'harmonie et les accords, et ils ont composé les cantiques de l'Ecriture ; In peritia sua requirentes modos musicos et narrantes carmina Scripturarum.* Vous entretenir un moment de la gloire littéraire de l'illustre prélat ; vous rappeler ensuite les principaux témoignages de sa prédilection toute paternelle pour l'antique cité embrunaise et ceux qui l'habitent, tel est l'objet que je me propose. Je ne doute pas, Messieurs, que vous ne me suiviez, ou plu-

____

(1) Mgr Chalandon, archevêque d'Aix, d'Arles et d'Embrun.

tôt que vous ne me précédiez avec un sympathique élan dans cette voie.

Puisse donc cet humble tribut payé à la mémoire d'Illustrissime et Révérendissime Père en Dieu, Monseigneur Jean-Irénée Depéry, évêque de Gap et fondateur de notre Société académique, le réjouir dans sa tombe ! Et aussi, être excusée par tous l'impuissance où je serai d'exprimer comme vous le désireriez, les souvenirs et les sentiments d'amour dont nous entourons cet évêque si bon, cet évêque à jamais regretté !

Monseigneur Depéry reçut un jour, d'un archéologue distingué (1), qu'il avait fait entrer dans le sein de l'Académie Flosalpine, une belle lettre d'action de grâces où l'on remarquait surtout ce passage : « Votre cœur ressemble au « sanctuaire de ces vénérables basiliques des âges primitifs, « qui avait deux tabernacles pratiqués dans ses murailles ; « l'un pour la sainte Eucharistie, source de la vie de l'âme ; « l'autre pour les volumes des Écritures, principe de la « science ; réunissant ainsi, sous la main des pontifes et des « prêtres, les deux aliments divins qu'ils sont chargés de « tenir toujours à la disposition des fidèles. »

Ces lignes, Messieurs, nous révèlent l'âme de Monseigneur Depéry. Il aima les lettres. Les lettres et la poésie ne cessèrent un seul jour d'être les compagnes assidues de sa vie. Mais les lettres, telles qu'elles doivent être, cultivées pour l'ennoblissement de l'esprit et pour la plus grande gloire de Dieu ! Mais la poésie, toujours élancée, par un vol sublime, vers le ciel, sa patrie ! Heureux pontife ! Le Seigneur avait déversé en lui le trésor des talents les plus rares, et, avec une activité véritablement prodigieuse qui l'agitait encore, même en ces dernières années, où les longues veilles sur les livres lui avaient presque enlevé la vue, il s'appliqua con-

---

(1) M. l'abbé Martigny, curé de Bâgé, membre de l'Académie de la Religion catholique de Rome.

stamment à les faire fructifier en œuvres durables qui fussent toujours un double témoignage et de sa foi vive et de son goût exquis en littérature.

Jeune élève au Petit Séminaire de Chambéry, où la Providence divine donna pour maîtres et pour condisciples à ce futur évêque de Gap, des personnages illustres qui devaient aussi porter avec honneur la soutane violette des prélats et même la pourpre des cardinaux ; jeune élève au Petit Séminaire de Chambéry, Monseigneur Depéry s'essayait déjà, dans son habileté naturelle, à composer les cantiques des Ecritures ; *In peritia sua requirentes modos musicos et narrantes carmina Scripturarum.* Une harmonie toute virgilienne éclatait dans ces beaux vers latins, si faciles et si coulants, qui faisaient l'admiration de ses maîtres et le désespoir de ses émules. Et déjà s'annonçait le poëte qui, en nous donnant plus tard des hymnes mélodieuses en l'honneur des saints patrons de notre diocèse, est devenu le rival des Ambroise, des Boëce et des Santeuil.

Mais, puisque je parle de vos poésies, ô Père, voilà qu'un doux parfum m'amène tout à coup vers ces fleurs de votre automne, tendres fleurs du désert, comme vous les avez appelées vous-même en les offrant à la Vierge du Laus, votre bonne mère, devenue, hélas ! trop tôt pour nos cœurs, la gardienne de vos restes mortels ! Voulez-vous, Messieurs, juger vous-mêmes de la fraîcheur de ce suave bouquet cueilli dans les sentiers du Laus par notre admirable évêque ? Permettez-moi de vous citer une strophe, une strophe seule de la sublime pièce intitulée *Tombeau de sœur Benoîte :*

Des alpestres vallons c'est la riche corbeille
Qui contient de l'Eden les fruits délicieux,
Depuis que, sur nos monts, une immortelle abeille
Déposa son trésor pour le festin des cieux.
C'est l'ornement divin du béni sanctuaire,
Où, comme l'a dit l'Ange, en prodiges nouveaux
Jusqu'à la fin des temps, les os de la bergère,
Sur son lit virginal, refleuriront au Laus.

Et mon cœur, Messieurs, et les cœurs de tous ces enfants du Petit Séminaire demandent que nous vous fassions aussi connaître un autre recueil de poésies délicieuses, dues encore pour la plupart à la féconde inspiration du bon Monseigneur Depéry. Ce sont des cantiques à l'usage spécial de cette maison qui lui fut si chère. Voici quelques-unes des lignes dont je faisais précéder, il y a quelques mois, l'apparition de ces nouvelles fleurs écloses à son soleil d'hiver, aussi belles, aussi parfumées que s'il n'avait eu que vingt ans.

« Nous lui demandâmes quelques cantiques particuliers
« pour le Petit Séminaire, particuliers pour célébrer notre
« antique et vénérable Notre-Dame d'Embrun. Et lui qui ne
« sait rien refuser, il ne tarda pas à nous envoyer ce recueil
« qui, s'il devait être le fruit de son dernier commerce avec
« la poésie, nous ferait dire comme le vieil historien des
« Alpes Maritimes l'écrivait d'un de nos plus éloquents ar-
« chevêques : — La voix de ce cygne ne pareut jamais si
« charmante. »

Hélas ! qui nous l'eût dit alors ? Ces lignes étaient prophétiques. Les cantiques à l'usage du Petit Séminaire ont été le chant du cygne ! Il ne reviendra plus parmi nous l'aimable pontife, qui trouvait au milieu de nos enfants, les plus doux charmes de sa vieillesse ! Nos oreilles n'entendront plus sa voix ; nos yeux ne reverront plus sa face ! Il s'en est allé, dans le sein de Dieu, goûter l'éternel repos, après avoir demandé qu'on abritât sa dépouille auprès du tombeau de Benoîte Rencurel ! Ah ! Fleurs du Laus ! Ah ! Cantiques du Petit Séminaire, épanouissez-vous toujours sur sa tombe, et vivez éternellement comme un souvenir embaumé et saint de notre père ; vivez éternellement pour attester à nos neveux et sa belle âme, et ses talents et son amour !

Mais, si touchante et si admirable que soit cette occupation d'un évêque se livrant aux plus suaves inspirations de la poésie pour réjouir la sainte Vierge, sa bergère et ses enfants, les titres littéraires les plus glorieux de notre illustre défunt se rencontrent dans ses nombreuses publications en prose : Mandements, biographies et travaux historiques les plus variés.

Que vous dirai-je de ses mandements, Messieurs ? Non-seulement ils ont fait constamment l'admiration du diocèse et de la France, mais quelques-uns ont obtenu l'honneur d'être traduits en plusieurs langues. Diocèse de Gap, diocèse privilégié ! Pendant dix-huit ans, il n'y a pas eu une douleur dans l'Eglise ; il ne s'est pas opéré une seule per-turbation politique ou sociale ; il ne s'est pas fait sentir un seul fléau de la terre ou des cieux ; il n'a pas éclaté un danger de la patrie ; il ne s'est pas remporté une seule vic-toire par nos glorieuses phalanges, que la voix de l'éloquent évêque ne se soit élevée, toujours avec une entraînante onc-tion, tantôt pour consoler et sécher les larmes, tantôt pour exhorter les peuples à la pénitence et au repentir, tantôt pour invoquer les puissantes armes de la prière, tantôt pour entonner, avec Débora, le chant du triomphe et de l'allé-gresse. Car il ne faudra jamais l'oublier, ni cesser de le proclamer à sa gloire : Cette âme loyale, entre toutes, dé-vouée avec un invincible amour à l'Eglise catholique et à son chef auguste ; ce pontife de Gap qui, depuis plus d'un an, ne quittait pas les habits de deuil, parce que son père, le pape Pie IX, avait été chassé du Thabor pour monter au Calvaire, eh bien! il avait aussi des sentiments français par-dessus tous ceux qui ont jamais aimé la France. Et nul ne tressaillit comme lui toutes les fois qu'il entendait prononc-er les noms des grandes victoires de notre nouvel empire. L'Alma ; Sébastopol ; le canon de Magenta retentissant non-seulement jusqu'à Embrun (1) ; mais, selon sa fière et pittoresque expression, dans toute l'Europe ; Solférino ; le drapeau français flottant sur les citadelles des capitales les plus célèbres de l'ancien monde et du nouveau, à Constan-tinople, à Athènes, à Rome, à Pékin, l'héroïsme enfin de ces

---

(1) Les paysans de nos montagnes prétendent l'avoir en-tendu du mont St-Guillaume.

braves tombés pour la défense de la sainte cause, sur les collines de Castelfidardo, comme autrefois Saül et Jonathas sur les monts de Gelboé !

Ah ! je fais appel à vos souvenirs, Messieurs : Quand Monseigneur Depéry faisait lire, du haut des chaires, ces lettres écrites sous l'impression de la gloire, par lesquelles il prescrivait des *Te Deum* après les immortelles journées de Magenta et de Solférino, ne reconnaissiez-vous pas, dans le vieil évêque, l'âme ardente du jeune collégien de La Roche, près de Genève, qui, en 1814, quand l'armée autrichienne envahit la France, déserta les bancs et voulut s'enrôler pour la chasser ! Et l'histoire devra encore enregistrer avec soin l'acte sublime qu'il commit naguère, lorsqu'il adressa un télégramme à l'Empereur en Italie, pour lui proposer de partir, lui pontife sexagénaire, afin de servir d'aumônier et de soigner les blessés dans une campagne qui n'avait d'autre but que de refouler ses intimes ennemis de 1814, les Autrichiens, d'un sol usurpé.

Je voulais, Messieurs, vous parler du mérite littéraire des Mandements de Monseigneur Depéry; je crois vous avoir indiqué en même temps les sources vives où puisait son génie pour les remplir de cet à-propos admirable et de cette éloquence vigoureuse qui en feront à jamais des modèles du genre : C'étaient son ardente foi ; son dévouement à l'Eglise, personnifiée aujourd'hui plus qu'en aucun temps dans le Pape ; et enfin son patriotisme toujours jeune et toujours généreux.

Au sujet de ce patriotisme, Messieurs, notre saint évêque comprit sans cesse une chose admirable : C'est qu'il devait en déverser une part abondante sur les contrées particulières où la Providence l'appela à passer ses jours. Ainsi, fit-il successivement à Orléans, à Belley et dans les Alpes. A Orléans, où son pèlerinage n'eut que la rapidité de l'épiscopat de Monseigneur de Varicourt, son noble protecteur, il se fit aimer au point que, lorsqu'il partit, tout le monde, ecclésiastiques, simples fidèles, petits enfants s'en affligeaient. Il emporta de cette ville une admiration enthousiaste pour l'idole des Orléanais, Jeanne-d'Arc. Avec quel bonheur, avec quel feu il aimait à s'entretenir de cette héroïne qui sauva Orléans et la France au XVe siècle ! Ah ! il ne parlait jamais qu'avec une indignation non contenue, de Voltaire, l'infâme insulteur de la Vierge de Domrémy, de Voltaire, cette âme sans patriotisme, qui n'aimait pas la France, et qui a eu la lâche impudeur de jeter de la boue sur la figure la plus belle, la plus noble et la plus sainte de notre histoire !

A Belley, son diocèse natal, Monseigneur Depéry manifesta surtout son patriotique amour, par les recherches et publications savantes qu'il fit sur le pays de Gex en particulier et sur le département de l'Ain en général. Les saints, les hommes illustres et les monuments célèbres de ces contrées trouvèrent en lui un historien fidèle. Il y popularisa *l'Esprit* du saint héros du 16e siècle, François de Sales, son modèle ; et le fameux évêque de Belley, Monseigneur Camus, contemporain du grand évêque de Genève, eut aussi en l'abbé Depéry un vengeur courageux et un habile apologiste. Mais c'est surtout à Gap, que l'influence et les inspirations du patriotisme de notre prélat se firent vivement sentir et opérèrent un salutaire résultat.

Les Alpes sont un pays où l'étranger refuse généralement de fixer son cœur. La majesté de leurs sommets et les tonnerres de leurs abîmes l'épouvantent et il se trouve trop souvent exilé dans l'encadrement de nos montagnes et sous l'azur de notre beau ciel. Il n'en fut pas ainsi de Monseigneur Depéry. A peine arrivé dans son Eglise de Gap, il s'écria avec le prophète : « *C'est ici le lieu de mon repos ;* « *c'est ici que j'ai fixé pour toujours l'endroit de ma de-* « *meure. Hœc requies mea in seculum seculi, hic habita-* « *bo quoniam elegi eam.* Et il s'empressa de déclarer, époux fidèle à cette Eglise, qu'il ne voulait pas l'abandonner jusqu'à la mort, et que son vœu le plus cher était d'avoir un jour son tombeau sous une pierre des Alpes. Dix-huit ans se sont écoulés, et la mort, en effet, la mort que nous aurions voulu longtemps encore éloigner, la mort seule est venue nous priver du pontife fidèle !...

Il aurait pu cependant, maintes fois, nous quitter ; mais, comme l'antique fils d'Ulysse, il préféra toujours sa pauvre Ithaque et ses montagnes si chères aux offres les plus séduisantes, telles que l'aumônerie d'une Reine et la dignité de Primicier d'un chapitre d'évêques. Qu'il y aurait, Messieurs, d'admirables traits de ce long et laborieux épiscopat à vous raconter ! *Teneret me dies enarrantem*. Mais je ne veux pas oublier qu'il n'entre dans mon plan de ne vous entretenir que de ses œuvres littéraires. Aussi bien, sous ce rapport, Monseigneur Depéry, déjà si digne de notre amour, méritera toujours une place à part dans le catalogue des évêques de Gap. Jamais prélat n'aura exercé sur son diocèse une influence aussi heureuse pour le développement des études et l'illustration de la contrée.

Notre diocèse, pauvre des productions de la nature, réservées aux climats plus fertiles, est riche d'un passé glorieux. Mais ce passé gisait enseveli sous d'épaisses ténèbres. La terre des Alpes, assurément, était capable de fournir des hommes aux fortes études, aux patientes recherches, et déjà il en avait paru qui avaient essayé de compulser nos archives et d'écrire les fastes oubliés de notre histoire locale. Mais ces essais étaient timides, et, par suite d'une trop grande défiance de soi-même, presque personne n'aurait osé confier à la presse le résultat de ses travaux. Tous les efforts par conséquent restaient inutiles pour le bien général et se bornaient à procurer des satisfactions personnelles à leurs honorables auteurs. Il manquait une impulsion. Heureux le jour où Monseigneur Jean-Irénée Depéry fut envoyé parmi nous ! C'est lui, le maître dans l'art d'écrire, l'historien des antiquités sacrées de l'Eglise de Belley, qui se chargea de donner et de diriger cette désirable impulsion : *Fuit homo missus à Deo, cui nomen erat Joannes*, écrivait spirituellement à cette occasion un homme illustre.

Au jour même de son élévation à l'épiscopat, il prit l'engagement d'écrire l'histoire de ses plus saints prédécesseurs et les glorieuses annales des antiques Eglises de Gap et d'Embrun. Voulez-vous savoir, Messieurs, comment cette noble entreprise fut menée à bonne fin? Daignez écouter les lignes suivantes de la préface du vénérable auteur. Elles vous montrent immédiatement l'influence bienheureuse et l'impulsion dont je vous parlais tout à l'heure. Elles vous donnent en même temps une idée de ce style plein de charme et de suavité qui rend les écrits de Monseigneur Depéry si ressemblants aux écrits de S. François de Sales :

« Après avoir essayé, dit-il, d'écrire la vie de S. Arnoux,
» premier patron de notre diocèse, nous avons compris que
» notre laborieux ministère ne nous permettait pas de nous
» appliquer assez spécialement à cette œuvre, et nous avons
» sollicité le concours de quelques ecclésiastiques capables
» de rassembler tous les éléments de ce livre auquel nous
» avons donné le nom d'*Histoire Hagiologique du diocèse*
» *de Gap*. C'est une justice pour nous de le déclarer et
» une gloire pour le diocèse de l'entendre, nous n'avons
» pas été trompé dans notre espoir ; des prêtres adonnés
» avec ardeur à l'étude ont prolongé leurs veilles, multi-
» plié leurs courses, et nous ont communiqué avec joie, com-
» me des enfants à leur père, le résultat de leurs pénibles
» et difficiles investigations. Ainsi, en une ruche commune,
» des abeilles diligentes viennent déposer le miel que, au
» loin, elles ont extrait du calice des fleurs. »

Monseigneur ne cessa de soutenir ce noble élan donné aux études et aux travaux littéraires, dès le début de son épiscopat. *Les Constitutions et Institutions synodales*, publiées en 1854, continrent de sages dispositions bien propres à entretenir dans le clergé l'amour de la science et le feu sacré si bien allumé chez quelques-uns de ses membres. Enfin, l'Académie Flosalpine, fondée en 1857, par l'infatigable évêque, vint offrir un aliment nouveau à ce feu, et comme ouvrir des horizons plus vastes à nos investigations et à nos travaux. Esprit véritablement prodigieux de conception et d'activité, on le vit constamment, quoique ses yeux presque éteints par ses travaux antérieurs refusassent de le servir, à la tête de tous nos projets ; tantôt nous traçant lui-même les objets de nos recherches ; tantôt stimulant notre ardeur ; d'autres fois nous prodiguant les conseils les plus précieux , et nous indiquant avec sa merveilleuse mémoire, les sources où nous pourrions puiser les matériaux ; puis s'ingéniant par tous les moyens, à nous les procurer lorsqu'ils ne se trouvaient pas dans sa bibliothèque. Je dis dans sa bibliothèque, car c'était une collection admirable des ouvrages les plus rares. Il l'a maintenant léguée à ce cher Petit Séminaire, siége de l'Académie Flosalpine ; et elle est destinée à subsister comme une éloquente prédication qu'il continuera à nous donner du fond de sa tombe, pour que nous demeurions fidèles à suivre sa noble impulsion et à produire, selon sa belle divise : *Flores et fructus in scientia et virtute.*

O Pontife, ô père bien aimé, je vous en dois l'assurance au nom de tous les membres de cette Société Chrétienne et littéraire ; votre œuvre ne périra point, et votre souvenir au besoin, et vos vœux suffiraient seuls pour nous empêcher de sommeiller et de nous éteindre !

Il me reste maintenant, Messieurs, à vous rappeler les principaux témoignages de bienveillance que le saint Evêque donna toujours à la ville d'Embrun, à cette antique cité dont la glorieuse histoire avait vivement frappé son esprit, et pour laquelle il aurait voulu ressusciter les splendeurs des anciens jours.

Embrun était devenue à ses yeux, comme le joyau de son diocèse. Le bruit absurde s'étant une fois répandu, je ne sais sur quel fondement, que le Petit Séminaire devait être transféré dans une autre ville, il se hâta de rassurer sa chère Embrun, en y venant plus souvent que par le passé et en acquérant, sur son territoire, pour les jeunes élèves du sanctuaire et pour lui, une maison de campagne qui attestât son attachement à ce sol.

Vous savez, Messieurs, que si vous aviez pu lui donner quelques appartements de la demeure de vos grands archevêques, il aurait aimé à diviser sa résidence entre Embrun et la cité épiscopale.

Avec quel bonheur il venait, presque chaque année, présider vos pompes de la Fête-Dieu ! et quelles émotions généreuses elles faisaient naître dans son cœur ! Je retrouve dans une relation de 1858, que, rentrant dans votre auguste métropole, tout émerveillé de la beauté des reposoirs et de l'éclat solennel qui avait été donné au cortége du Saint Sacrement, il ne put contenir le bonheur et l'attendrissement qui débordaient de son âme, et il voulut, avant de donner la dernière bénédiction aux fidèles, laisser un libre cours à ses sentiments :

O ville d'Embrun ! s'écriait-il alors, que tes tentes sont belles ! Que tes pavillons sont magnifiques ! Quel spectacle tes fils ont offert dans cette journée mémorable !..... Il vantait la foi de cette population bénie ; il exaltait son zèle et l'enthousiasme dont elle venait de donner tant de preuves ; il évoquait les anciens archevêques dont la cendre avait dû tressaillir dans le tombeau ; il formait des vœux pour qu'il fût donné à la vieille métropole de renouer la chaîne brisée de ses Pontifes, pour qu'au moins elle pût bientôt secouer la poussière et se relever de ses ruines matérielles ; il promettait de revenir souvent à ses fêtes, afin de leur rendre par sa présence leur antique splendeur.....

Vous rappellerai-je son triple pèlerinage au mont Saint-Guillaume ? Quel archevêque, dans tout votre glorieux passé, fit jamais rien de semblable ? Quel évêque, dans l'avenir, retournera trois fois au sommet de cette montagne escarpée ? Quel évêque acceptera encore la dignité de *prieur de Saint-Guillaume*, et, à l'exemple du bon Monseigneur Depéry, donnera, avec des larmes d'attendrissement, le baiser fraternel à toute la troupe des anciens prieurs ? Et cet incomparable mandement ! Et ces riches indulgences obtenues de Rome pour glorifier le pèlerinage aimé de ses chers Embrunais, comme il les appelle ! Vos cœurs, Messieurs, et vous tous , habitants d'Embrun qui pouvez m'entendre , vos cœurs mieux que le mien entrevoient les trésors de mansuétude , de condescendance et d'amour qu'il y avait dans son âme. Un pieux monument, érigé par vos soins à sa mémoire, attestera à la postérité combien fut vive et touchante cette réciprocité de sentiments qui l'attachaient à vous et qui vous unissaient à lui.

Et moi aussi, il me semble que je comprenais cette âme si généreuse et si bonne de Monseigneur Depéry !... Depuis le jour de sa mort, j'ai partagé le deuil et les larmes de ses plus intimes enfants. Hélas ! Messieurs , hélas ! vous surtout, jeunes élèves du Petit Séminaire, le saint Evêque qui fut votre père et votre ami ne reviendra plus parmi nous ! Comme ces hommes pleins de gloire et de vertu dont l'Esprit divin nous invite à célébrer la louange, son corps a été enseveli dans la paix, et son nom vivra de génération en génération : *Corpora ipsorum in pace sepulta sunt et nomen eorum vivit in generationem et generationem.* Il repose dans le sacré vallon du Laus, au pied du tombeau de la sainte Bergère, et sous l'œil et sous la garde de la bonne Mère ! Ah ! je le répète encore en ce jour! le Laus nous rappellera désormais dans son sanctuaire par un mélancolique attrait qu'il n'avait pas eu dans le passé. En allant prier Marie et vénérer la cendre de Benoîte, nous irons aussi pour pleurer et méditer sur la tombe de Monseigneur Depéry. Pleurer en songeant qu'il était notre père et que nous l'avons perdu! Méditer de saintes résolutions, en voyant, dans la grâce ineffable de cette tombe obtenue dans un tel lieu , combien la sainte Vierge se plaît à donner des garanties admirables de salut à ceux qui furent ses serviteurs fidèles et ses enfants dévoués. — AINSI-SOIT-IL.

Gap. — Imprimerie Delaplace.

[illegible — severely faded French text]